Simplemente Quino

Simplemente

Quino

Lumen

El papel utilizado para la impresión de este libro ha sido fabricado a partir de madera procedente de bosques y plantaciones gestionadas con los más altos estándares ambientales, garantizando una explotación de los recursos sostenible con el medio ambiente y beneficiosa para las personas.

Penguin Random House Grupo Editorial

Simplemente Quino

Primera edición: septiembre de 2016
Segunda edición: diciembre de 2023
Primera reimpresión: abril, 2025

ISBN: 978-607-384-041-5

Impreso en México – *Printed in Mexico*

¡TENDRÉ QUE RETIRARME: HAY DEMASIADA GENTE HACIENDO MI TRABAJO MUCHO MEJOR QUE YO!!
TV
News
UN AUTO-BOMBA ESTALLA EN MUYUK
MUEREN 102 PERSONAS
UN HOMBRE MATA A TODA SU FAMILIA PORQUE SÍ
TERROR EN SAN PEPOTE
MASACRE EN TAJI
BOMBAS SOBRE KYRIK
UN KAMIKAZE EN UN AUTOBUS
ATENTADO CRIMINAL CONTRA UN
ASESINADOS 30 CAMPESINOS
MUERTE EN UN ESTADIO DEPORTIVO
TROPAS DE EE.UU. MATAN A PRESUNTOS TERRORISTAS

¡150^{00}
¡150^{00}
¡60^{00}
¡60^{00}
¡23^{00}
¡23^{00}
¡0,10

SEÑORITA, POR FAVOR, ¿LA REALIDAD?
EN PLANTA ALTA TENEMOS EN OFERTA UNAS MUY BONITAS. SON REALIDADES PARA NIÑOS PERO QUE SE LLEVAN MUCHO ENTRE LOS ADULTOS
¡GRACIAS, LAS CONOZCO ESAS! ¡ESTOY HARTO DE ESAS!! ¡¡DIJE LA REALIDAD, SEÑORITA!! ¡¡LA REA-LI-DAD!!
PERO MIRE QUE ¡¡PERO MIRE QUE UN CORNO!! ¡¡ESTOY EN MI DERECHO, NO? ¡SOLICITO, REQUIERO, EXIJO LA REALIDAD!!
ACÁ EL SEÑOR DESEA SER ACOMPAÑADO AL SUBSUELO

¡HALT! SANIDAD DE FRONTERAS,
¿ALGÚN BACILO, VIRUS, BACTERIA
O GERMEN QUE DECLARAR?
ADUANA
CUSTOMS
DOUANE
CONTROL DE
PASAPORTES
SF

—FAVOR DE COLOCARSE LAS MÁSCARAS DE OXÍGENO, PERO CALMA, NO ES POR DESPRESURIZACIÓN DE LA CABINA, SINO PORQUE ENTRAMOS EN UNA ZONA DE NUBES TÓXICAS.

ES MUY POCO LO QUE SABEMOS SOBRE LA EXTINGUIDA CIVILIZACIÓN QUE ALGUNA VEZ HABITÓ EN ESTE HOY DESIERTO PLANETA
HEMOS DESCUBIERTO ENORMES GRANEROS REPLETOS DE LO QUE APARENTEMENTE SON SEMILLAS DE DIVERSO TIPO
...DEDUCIMOS QUE SON SEMILLAS DE LAS QUE LUEGO BROTAN ESTAS CURIOSAS FORMAS, A VECES VEGETALES, A VECES MINERALES
LO QUE NO LLEGAMOS A COMPRENDER ES QUÉ ENTUSIASMO AGRÍCOLA LLEVÓ A ESTOS SERES A SEMBRAR TANTAS Y TANTAS DE ESTAS INTERMINABLES PLANTACIONES, NI QUÉ UTILIDAD SACABAN LUEGO DE TAN EXTRAÑOS CULTIVOS.

–SON LAS MULTINACIONALES, HIJITO, CELEBRANDO UN NUEVO ANIVERSARIO DE SU INDEPENDENCIA, CUANDO EN UN DÍA COMO HOY LOGRARON LIBERARSE DE TODO ESCRÚPULO ÉTICO.

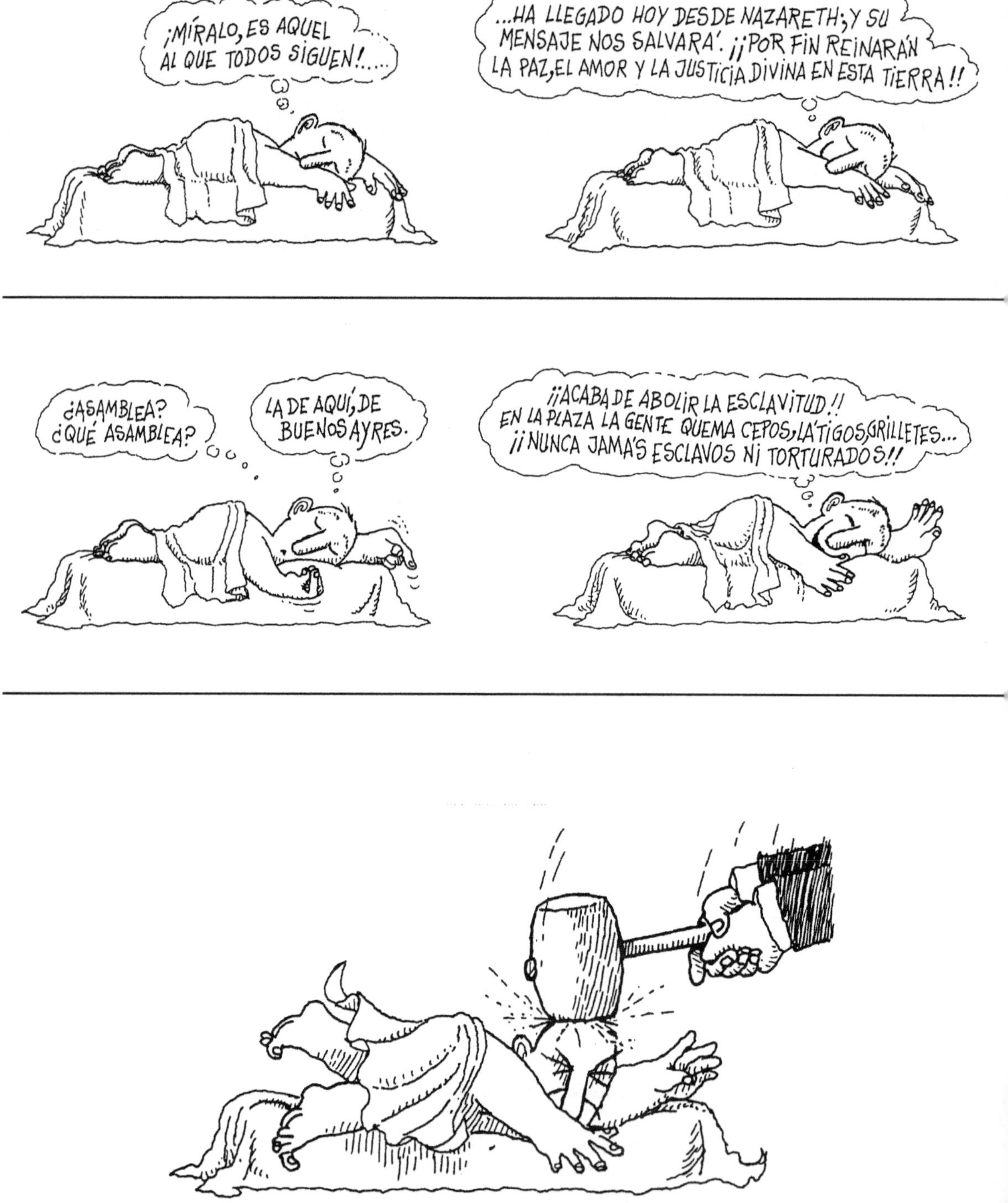
¡MÍRALO, ES AQUEL AL QUE TODOS SIGUEN!....
...HA LLEGADO HOY DESDE NAZARETH; Y SU MENSAJE NOS SALVARÁ. ¡¡POR FIN REINARÁN LA PAZ, EL AMOR Y LA JUSTICIA DIVINA EN ESTA TIERRA!!
¿ASAMBLEA? ¿QUÉ ASAMBLEA?
LA DE AQUÍ, DE BUENOS AYRES.
¡¡ACABA DE ABOLIR LA ESCLAVITUD!! EN LA PLAZA LA GENTE QUEMA CEPOS, LÁTIGOS, GRILLETES... ¡¡NUNCA JAMÁS ESCLAVOS NI TORTURADOS!!

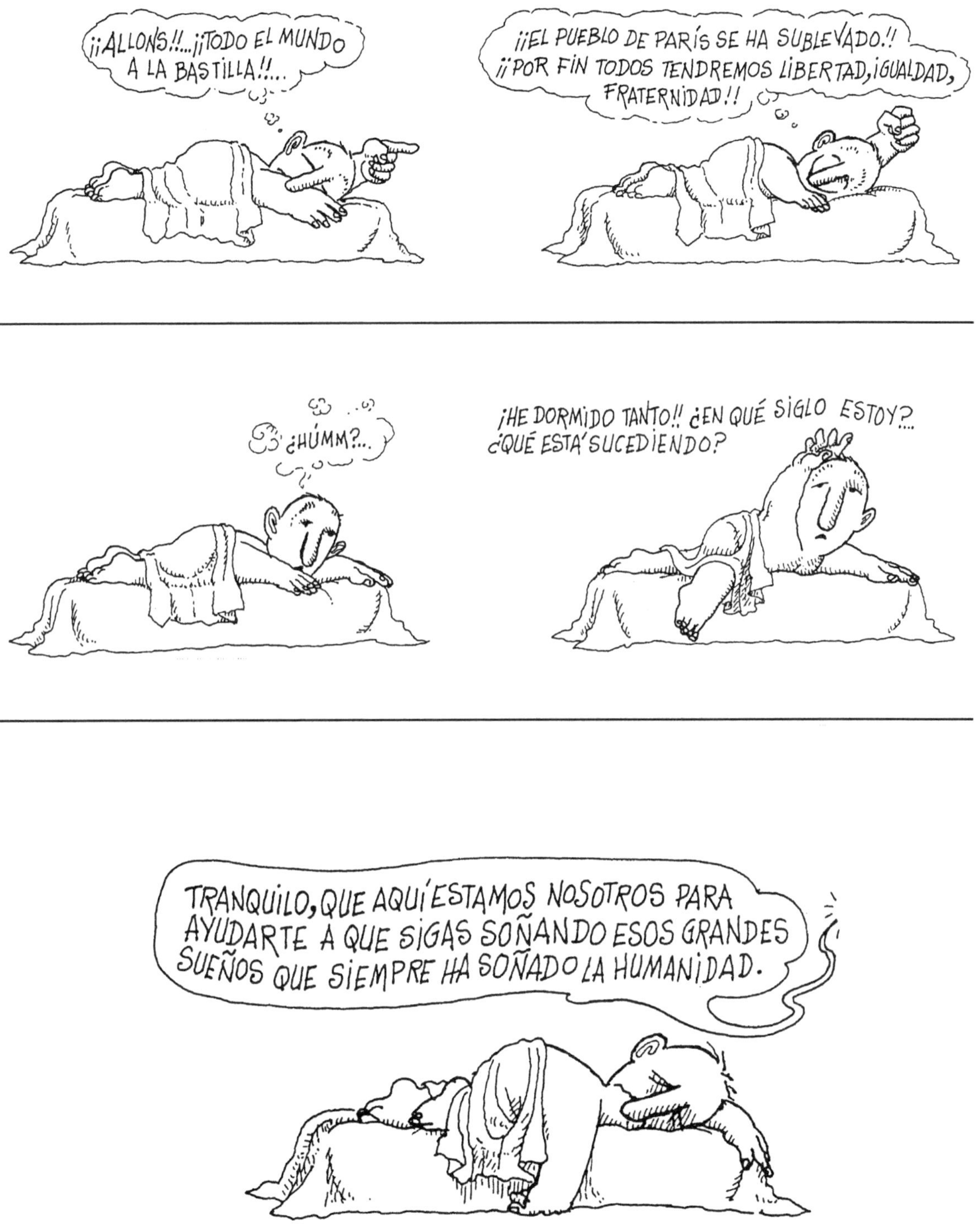
¡¡ALLONS!!...¡¡TODO EL MUNDO A LA BASTILLA!!...
¡¡EL PUEBLO DE PARÍS SE HA SUBLEVADO.!! ¡¡POR FIN TODOS TENDREMOS LIBERTAD, IGUALDAD, FRATERNIDAD!!
¿HÚMM?...
¡HE DORMIDO TANTO!! ¿EN QUÉ SIGLO ESTOY?... ¿QUÉ ESTÁ SUCEDIENDO?
TRANQUILO, QUE AQUÍ ESTAMOS NOSOTROS PARA AYUDARTE A QUE SIGAS SOÑANDO ESOS GRANDES SUEÑOS QUE SIEMPRE HA SOÑADO LA HUMANIDAD.

¡QUIÉN LO HUBIERA PENSADO: BACH, MOZART, BEETHOVEN... ESA MÚSICA TAN HERMOSA, Y MIRE USTED!...
¿POR QUÉ, QUÉ PASA CON ESA MÚSICA?
AH, ¿NO LO SABE? ¡¡TODA ESA MÚSICA TIENE COLESTEROL!!
¡¡¿CÓMO COLESTEROL?!! ¿QUIÉN LE HA DICHO SEMEJANTE ESTUPIDEZ?
MI VECINO. EL HIJO, QUE ACABA DE LLEGAR DE ESTADOS UNIDOS SE LO CONTÓ. Y ES UN JOVEN MUY PREPARADO, HIZO UN MASTER DE ALGO, Y TODO.
¡LO SERÁ, PERO DICE DISPARATES!
NINGÚN DISPARATE: ESTÁ PROBADO QUE ES MÚSICA ABSOLUTAMENTE SEDENTARIA. NI DE MOVERSE, NI DE BAILAR, NI NADA. ¡¡LO PEOR QUE PUEDE HABER PARA LAS ARTERIAS!!
¡LO QUE NOS FALTABA, QUE LOS GENIOS SEAN INSALUBRES!
Y BUÉH... PERO GRACIAS A DIOS, MENOS MAL QUE ESTÁN LOS NORTEAMERICANOS QUE DE ESTAS COSAS SABEN UN MONTÓN, ¡QUE SI NO!...
¡PSÉP, MENOS MAL!

—POETA ANÓNIMO, SEÑORA, POETA ANÓNIMO.

Zayra Lingerie
Zayra
PASEABA, TRANQUILO, POR LA CIUDAD, CUANDO DE PRONTO, COMO SI UNA MANO ANÓNIMA SACUDIERA EL TAPIZ DE LA MEMORIA, SU CABEZA SE LLENÓ DE PEQUEÑAS BRIZNAS DE RECUERDOS QUE CAÍAN SOBRE ÉL: EVOCÓ ENTONCES...
...EL DULCE, FLORAL AROMA DE LAS DELICADAS PRENDAS ÍNTIMAS QUE ACARICIABAN EL SUAVE CUERPO DE ZAYRA, AQUELLA MUCHACHA A LA QUE NUNCA DEJÓ DE AMAR.
¿DÓNDE ESTARÁ ELLA HOY? LO INVADIÓ UNA TRISTE SOLEDAD. UNA SOLEDAD DE PERRO ABANDONADO...
"¡OH, LA RUEDA DEL DESTINO!", PENSÓ.
"¿QUIÉN SABE QUÉ MÁGICAS PALABRAS SALDRÍAN DE NUESTROS LABIOS SI NOS FUERA DADO PODER CAMBIAR LA RUEDA DEL DESTINO!"
¡MARAVILLOSO, SU ÚLTIMO LIBRO, MAESTRO! ¡SOLO ALGUIEN QUE SABE BUCEAR EN UN MUNDO INTERIOR TAN RICO Y TAN PROPIO COMO EL SUYO, DISTINTO DE NUESTRA VULGAR VIDA COTIDIANA, PUEDE TRANSMITIRNOS COSAS TAN BELLAS!

—EMPIEZO POR EL BAÑO, ASÍ USTED, MIENTRAS, PUEDE TERMINAR AQUÍ.

CHÚF!
MBRRRRRRR...
SPÚF!
MOTOR OIL SAE 30

BERLIOZ

~SEÑORITA BENAKIS... ~*Sí, Señor Morton.* ~NO QUISIERA OLVIDAR EL CÚMULO DE EMOCIONES QUE PROVOCA EN MI ÁNIMO LA INCONMENSURABLE VASTEDAD DEL MAR; POR FAVOR REDÁCTEME UN MEMORANDUM AL RESPECTO PARA QUE LO FIRME EL LUNES EN LA OFICINA. ~*Sí, Sr. Morton.* ~AH, FECHA DE HOY, PONGA. ~*Sí, Sr. Morton.*

FRÍO MANAGER EMPRESARIO EN ESTADO DE SHOCK TRAS SER PROTAGONISTA DE UN INSÓLITO FENÓMENO POÉTICO DE CONSIDERABLE MAGNITUD.

EXPORT. 1977 1978 1979

—YA TIENE PA' CONTARLE A SUH' NIETOH', M'HIJO: "INFLACIÓN, LO QUE SE DICE INFLACIÓN, AQUELLA QUE SUPE VER CUANDO ERA GURÍ."

STOP
30

XH 102

–¿ESTAREMOS SOLOS O HABRÁ TAMBIÉN VIDA INTELIGENTE EN OTRAS MANZANAS?

—¡SÍ ALGO QUIERO EN ESTA VIDA ES LLEGAR A DESCUBRIR QUIÉN FUE EL CRETINO QUE PUSO A CONGELAR ÓVULOS FECUNDADOS EN LA MISMA CUBETERA EN LA QUE TENEMOS EL HIELO QUE USAMOS TODOS LOS DÍAS PARA LAS GASEOSAS!

¡OTRA COSA MÁS QUE PERDIMOS!
EL SEXO-TABÚ
SONABA ANTICUADO, ES CIERTO
PERO ERA DIVERTIDO ESO DE ANDAR POR AHÍ CON UN TABÚ ENCIMA
Y SOBRE TODO LLEVARLO A CEREMONIAS SOLEMNES, DE ESAS CON DISCURSOS POMPOSOS
TODA GENTE TAN FORMAL, CADA UNO CON NUESTRO TABÚ BAJO LA ROPA. CONTRABANDISTAS, PARECÍAMOS
¡HMMM! ¡Y EL DULCE HECHIZO DE IMAGINAR ALGÚN TABÚ FEMENINO QUE PASABA A NUESTRO LADO!
¿QUÉ NOS QUEDA HOY DE TODA ESA INOCENTE POESÍA DE LO PROHIBIDO? ¡NADA, PUDOR CERO!
TODO ES EXHIBIDO, PUBLICITADO, CACAREADO… ¡ADIÓS MAGIA!
NUESTRA FAMOSA SOCIEDAD MODERNA
¿ES MODERNO HABER SUPERADO ALGO TAN PRIMITIVO COMO EL SEXO-TABÚ PARA QUEDARNOS CON ALGO TAN PRIMITIVO COMO EL SEXO-SEXO?

¡CLAAAARO... PICASSO PODÍA!
ÉL, A UNA MUJER PODÍA MIRARLA POR TODAS PARTES PARA SABER QUÉ TAL ESTABA, VISTA AL MISMO TIEMPO DE ADELANTE, DE ATRÁS, DE PERFIL, DE ARRIBA, DE ABAJO...
"CUBISMO" LE LLAMABA A ESO.
¿Y QUÉ DECÍA LA GENTE?
¡¡QUÉ ARTISTA!!
¡EXTRAORDINARIO!
¡¡ES UN GENIO!!
¡ESO DECÍA LA GENTE!
EN CAMBIO, SI UNO MIRA A UNA MUJER PARA SABER QUÉ TAL ESTÁ, VISTA DE ADELANTE, DE ATRÁS, DE PERFIL, DE ARRIBA, DE ABAJO... ¿QUÉ DICE LA GENTE?
¡¡QUÉ VIEJO DEGENERADO!!
¡¡ASQUEROSO!!
¡REPUGNANTE!
¡ESO DICE LA GENTE!

BUS
27
¡MMMCHUUUK!

Z z z
PC
$ 1.300

¡¡MALDITA COPIONA!!

—SI TANTA GENTE VE TELENOVELAS, Y LAGRIMEA POR CUÁNTO SUFREN PERSONAJES QUE NO SON DE VERDAD, ¿POR QUÉ NO PUEDO YO DIVERTIRME CON GNOMOS QUE, COMO SE SABE, NO EXISTEN?

–NO SÉ, ÉL, QUE SIEMPRE SE INTERESÓ POR TODO LO QUE OCURRÍA EN POLÍTICA, AHORA DICE QUE TAL COMO VAN LAS COSAS, ESTAR CON SERES TAN INDIFERENTES COMO LAS GALLINAS ES UNA MANERA DE SENTIRSE ACOMPAÑADO.

—...Y AUNQUE TE CUESTE CREERLO, NADA ME GRATIFICA MÁS QUE PASARME AQUÍ UN FIN DE SEMANA ENTREGADO A ESTA HUMILDE SENCILLEZ DE LA VIDA RURAL Y EL TRABAJO AGRÍCOLA.

TERAPIA RURAL, M'HIJO,
APRENDA A RESPETARLA
DESDE CHICO.

–COMO CADA VEZ QUE USTED VIENE POR ESTAS SOLEDADES, PADRE, TENGO PARA CONFESARLE UN REBAÑO DE PECADOS.

RVICIOS
BLICOS
ANIM
JARDI
POLÍTICA
NACIONAL
ECONOMÍA
·FINANZAS·
CRONICA
POLICIAL
SALUD
EXTERIOR
DEPORTES
BAR

–¡SSSHH!... NO MOLESTES A TU PADRE, QUE ESTÁ ESTUDIANDO.

¡¡FUEEEGOOO, SOCOORROO!!
¡¡INCENDIO, AUXILIOOOO!!...
¡FSSSHHH!
¡¡JHA!!
BOMBERO JUBILADO, POBRE.
HAY QUE AYUDARLO A QUE NO
EXTRAÑE TANTO SU HEROÍSMO.

SNIF
SNIF

¡¡¡GHUÁU, GHUÁ!!!
¡¡¡GHUÁ-GHUÁU!!!
¡¡¡GHUÁ-GHUÁU-GHUÁ-GHUÁUUU!!!
¡¡¡MMMGHUÁU-GHUÁ!!!
¡¡¡GHUÁUUUMMM!!!

VETERINARIO

¡¡HAAAAAAAAAOOOOOOOOOOOAAAAAAAAAAAAH!!...

¡¡"NORMAL, NORMAL"!!
¡¡SERÁ NORMAL...

...PERO SÍ USTED ME HUBIESE ADVERTIDO QUE EN ESTA ÉPOCA LOS ELEFANTES ESTÁN EN CELO YO NO SUBÍA A ESTA MALDITA BESTIA!!

100
100

¡CUA'AK!
¡CUA'AK!
¡CUA'AK!
¡CUÁAK!
¡CUÁAK!
¡CUÁAK!
¡CUÁAK!
¡CUA'AK!..
¡CUÁAK!..

...Y SOBRE TODO, HIJA, DEBES CONTROLAR MUCHO, Y SIEMPRE, TU CONCUPISCENCIA!!
¡AY, PADRE, YO YA SABÍA QUE UN DÍA U OTRO ME IBA TOCAR EMPEZAR CON ECOGRAFÍAS, ANÁLISIS Y TODAS ESAS COSAS!!

¡¡QUÉ TIEMPOS, SEÑOR,
QUÉ TIEMPOS!!...

~VEA, PADRE, QUE LA IGLESIA DEBE MANTENERSE ACTUALIZADA, DE ACUERDO. QUE HOY LOS FIELES ACCEDAN AL EVANGELIO VÍA INTERNET, PERFECTO; PERO ESTA IDEA SUYA DE "SEGUIR LAS REGLAS DEL SISTEMA REBAJANDO LAS PENITENCIAS PARA LOGRAR UN MERCADO CONFESIONAL MODERNAMENTE COMPETITIVO" NO SOLO EXCEDE TODA MORAL CRISTIANA SINO QUE, ADEMÁS, CARECE DE GRANDEZA.

EL SR. MAX LLEVA UNA VIDA SERENA PORQUE SABE HABLAR EN MODO CAUTO CUANDO Y CON QUIEN CORRESPONDE.
DEBE IR Y CONFESARLO A UN SACERDOTE, QUIEN, COMO SE SABE, NO ROMPERÁ NUNCA EL SAGRADO SECRETO CONFESIONAL.
PERO EL SR. MAX SABE TAMBIÉN QUE A ESE SACERDOTE NO DEBE CONFESARLE CIERTOS PECADOS CARNALES QUE SE PERMITE CON ROSY.
PREFIERE DEJAR ESE TEMA PARA COMPARTIRLO CON SU MUJER, ENTUSIASTA COMPAÑERA DE TALES ALEGRÍAS.

POR EJEMPLO, EL SR. MAX SABE QUE SI UNO COMETE UN DELITO **NO** DEBE IR JAMÁS A CONTARLO A LA POLICÍA.

PARA ESO ESTÁ SU MÉDICO QUE, AL MENOS, LO ACONSEJA SANAMENTE SIN MANDARLO AL INFIERNO.

MAS TAMPOCO A SU MÉDICO LE CUENTA EL SR. MAX SUS FRECUENTES ATENTADOS A SU SALUD, POR TEMOR A VERSE PRIVADO DE PLACERES QUE LO APASIONAN.

EL SR. MAX SABE QUE SI CONFESARA A LA POLICÍA ALGUNO DE SUS DELITOS, AL SACERDOTE TODOS SUS PECADOS, AL MÉDICO LOS DESCUIDOS DE SALUD Y A SU MUJER QUE EXISTE UNA TAL ROSY, SU VIDA NO RESULTARÍA TAN SERENA.

¡NO TEMO AL CÚMULO DE MENTIRAS, INFAMIAS, CALUMNIAS, INTRIGAS Y FELONÍAS CON QUE MIS DETRACTORES INTENTAN DENIGRARME, PORQUE SOLO LA JUSTICIA DIVINA SERÁ QUIEN JUZGUE MIS ACTOS ALGÚN DÍA!!
¿¿QUÉ CABRONADA ES ESTA?? ¡CUALQUIERA SABE QUE LLEGA LUEGO DE LA RESURRECCIÓN, LA JUSTICIA DIVINA!!... ¡CUANDO YO DIJE "ALGÚN DÍA" HABLABA EN TÉRMINOS POLÍTICOS! ¿ES QUE YA NI BUROCRACIA NOS QUEDA?

SÍ, HIJO, TIENES RAZÓN, TÚ ESTÁS TAN MUERTO COMO TODA ESTA GENTE
...Y LOS DERECHOS DEL MUERTO VALEN PARA TODOS POR IGUAL
PERO DEBES COMPRENDER QUE EL PARAÍSO ES SOLO PARA LAS ALMAS, Y TU ESQUELETO ES MATERIA TERRENA; NO PUEDE ESTAR AQUÍ
Y NO ES QUE NOSOTROS DISCRIMINEMOS A NADIE, RESPETAMOS LO QUE DICEN LAS SAGRADAS ESCRITURAS.
QUE POR SUERTE LO DICEN, PORQUE, LA VERDAD, TANTO HUESO NOS ARRUINARÍA ASQUEROSAMENTE LA ESTÉTICA

~ AH, FINALMENTE HAS LLEGADO, HIJO. TE ESPERÁBAMOS DESDE SIEMPRE, PORQUE, DESDE SIEMPRE, SUPIMOS QUE TU VIDA EN LA TIERRA ERA ABSOLUTAMENTE INNECESARIA.

–¿VISTE, MA?... ¡¿TANTAS BRONCAS QUE ME ARMASTE CUANDO A LOS 18 AÑOS APARECÍ CON "ESA PORQUERÍA DE *PIERCING* EN LAS OREJAS QUE NUNCA VA A SERVIRTE PARA NADA"?!

—¿SEÑOR DAVID KRUPI? DE *FLOWERS-EXPRESS*, ESTE RAMO CON MENSAJE: "*ESTAMOS SIEMPRE A TU LADO, PAPÁ*." HARÍA FALTA UNA FIRMA, ¿PONEMOS UNA CRUZ?... DIGO... SE ME OCURRE...

PAX
CERRADO POR DUELO
A-1

¡MMM...MUA'K!

—¡¿PERO POR QUÉ A NOSOTROS EN VEZ DE APARECÉRSENOS LA VIRGEN, COMO A OTROS, TIENE QUE APARECÉRSENOS SIEMPRE EL ABUELO CON SU SERMÓN DE QUE ÉL NO SE MATÓ TRABAJANDO PARA QUE LUEGO UNOS CABRONES IMBÉCILES COMO NOSOTROS VINIÉRAMOS A HACER MOCO LO POCO QUE TANTO SACRIFICIO LE COSTÓ LLEGAR A TENER?!!

—¡¡¡ME CALUMNIABAN!!!

—¿CIRUGÍA PLÁSTICA YO? NO, NO NECESITO DE ESAS PICARDÍAS MODERNAS PORQUE NO SOY DE LA ÉPOCA QUE USTEDES SUPONEN. SI NO ME VIERON POR ALGÚN TIEMPO FUE PORQUE DECIDÍ ASÍ, DE SOPETÓN, IRME A VISITAR EL VIEJO CONTINENTE. RUPERTITO ME LLEVÓ CON SU *VUATURÉ* AL AERÓDROMO Y AHÍ ME TOMÉ EL AEROPLANO HASTA LA CIUDAD LUZ. ¡QUÉ MOZOS CHURROS ESTOS GALOS, ¿EÉH? Y LAS CHICAS, QUÉ PRESTANCIA... ¡UN FIGURÍN!

air
air

DIGO YO: EN LUGAR DE SENTIRNOS EN EL OTOÑO DE LA VIDA, ¿NO SERÍA MUCHO MÁS OPTIMISTA PENSAR QUE ESTAMOS....
....EN LA PRIMAVERA DE LA MUERTE?

SE COMUNICA QUE CIERTAS
INTERFERENCIAS DEL PASADO
HAN OBLIGADO A SUSPENDER EL
PRESENTE HASTA TANTO EL MISMO
PUEDA FUNCIONAR NORMALMENTE
EN EL FUTURO

ACÁ, O SE ENTIENDE DE UNA BUENA VEZ QUE EL TIEMPO ES UN PELIGRO PÚBLICO Y SE TOMAN MEDIDAS O SOSPECHO QUE TERMINAMOS MAL, EH?

DISCULPE, JOVEN ¿QUÉ HORA TIENE, POR FAVOR?
LAS 12 Y 45, SEÑORA
¡¡SINVERGÜENZA!!
¡SEPA QUE YA ESTA MAÑANA PREGUNTÉ, Y LA HORA ESTABA A MUCHO MENOS! ¡¡A MUCHO MENOS, ESTABA LA HORA!!
PE.....PERO.....¡SEÑORA, USTED SABE BIEN QUE EL TIEMPO PASA!!
¡TENGO MENOS AÑOS DE LOS QUE USTED SUPONE, SI ES ESO LO QUE QUIERE INSINUAR!¡¡INSOLENTE!!
¡DIOS MIO!¿QUÉ LE HAN HECHO A LA GENTE, QUE CADA VEZ ESTÁ PEOR?

DIGO YO... ¿ESTAREMOS YENDO BIEN?
NO SÉ, YO PREGUNTARÍA...
...PERO ME ASUSTA PENSAR ADÓNDE PUEDEN LLEVARNOS LAS INDICACIONES DE ESTA GENTE

SOMOS
GENTE POBRE
SOMOS
GENTE POBRE
SOMOS
GENTE POBRE
CONSTITUIMOS
UN NÚCLEO
FAMILIAR
CARENCIADO

HMM...NOSSÉ.
¿YO? ¡NI IDEA!
NO, M'HIJO....
ESTOMM...PARECIERA SER UN JIRÓN DE ORLLUGO...NO, OGRULLO...NO, ¿CÓMO SE LLAMABA? ESO QUE UNO SENTÍA POR SU PAÍS, POR UNO MISMO... ¿CÓMO ERA?
¡QUÉ LINDO! ¡YO QUIERO SENTIR ESO DE LO QUE HABLA EL ABUELO! ¡CUÉNTENME! ¿CÓMO ERA, CÓMO ERA?
¿¿CÓMO ERA??

"MURIÓ POR SU PATRIA"
¡ESO SÍ QUE SUENA HEROICO!
EN CAMBIO YO... SEGURAMENTE ME ENFERMARÉ... "MURIÓ POR SU ENFERMEDAD" ¡QUÉ FALTA DE GRANDEZA!
CLARO QUE ANTES LAS PATRIAS ERAN MUY OTRA COSA
Y MORIR POR LA PATRIA SONABA HEROICO PORQUE LAS PATRIAS DEFENDÍAN SU SUELO, SUS RIQUEZAS NATURALES, SU CULTURA, LA SALUD, LA EDUCACIÓN Y LA VIDA DE SU GENTE
HOY LAS PATRIAS ESTÁN ENFERMAS: ENFERMAS DE CORRUPCIÓN, NEGOCIADOS, MAFIAS, NARCOTRÁFICO... DE RICOS RIQUÍSIMOS, DE POBRES POBRÍSIMOS, DE INJUSTICIAS INFAMES.....
AL FIN DE CUENTAS, MORIR POR UNA PATRIA ENFERMA ES CASI TAN POCO HEROICO COMO MORIR POR ENFERMEDAD
YA NI LA POSIBILIDAD DE TENER HÉROES HEROICOS NOS HAN DEJADO

¡ESTAMOS AQUÍ PARA DECIR BASTA A LADRONES Y CORRUPTOS, BASTA A LA GENTE DE DOBLE DISCURSO, SERVIL, AMBIGUA Y OBSECUENTE!

ESTAMOS AQUÍ PARA DECIRLE AL EXCELENTÍSIMO SEÑOR MINISTRO Y A LOS DEMÁS DISTINGUIDOS SEÑORES MIEMBROS DE LA HONORABLE ADMINISTRACIÓN NACIONAL DE.....

—¡BASTA YA DE CRITICAR LA IDEA! ¡TENEMOS PROBLEMAS DE ENERGÍA Y COMBUSTIBLE, PERO HOY RECIBIMOS A UN JEFE DE ESTADO Y PODEMOS MOSTRAR ORGULLOSOS AL MUNDO LO QUE VERDADERAMENTE SOMOS: UNA SUPER-POTENCIA GANADERA!

–AL DARLE LA BIENVENIDA, SEÑOR PRESIDENTE, ME ES GRATO ANUNCIARLE, EN MI CARÁCTER DE PRIMER MANDATARIO DE ESTE PAÍS, QUE EN EL SORTEO REALIZADO ENTRE "FIGURAS ILUSTRES QUE NOS VISITAN" HA RESULTADO USTED SER EL FELIZ GANADOR DE UN PRÁCTICO Y BONITO HORNO DE MICROONDAS IMPORTADO, CON ÚTIL RECETARIO INCLUIDO, SENCILLO PERO CÁLIDO SÍMBOLO DEL ENTRAÑABLE AFECTO QUE UNE A NUESTROS PUEBLOS HERMANOS.

—PARECIERA QUE ALGÚN EFECTIVO DE ESTE REGIMIENTO NO HA SABIDO CAPTAR EL SENTIDO HEROICO DE NUESTRO SAGRADO LEMA: "¡LIBERTAD O MUERTE!"

¡DESVÉLATE! SOY TU DUDA EXISTENCIAL MÁS PROFUNDA E INQUIETANTE: ¿CUÁNTO TIEMPO MÁS VIVIRÁS, CÓMO SERÁ TU MUERTE, QUÉ HAY LUEGO... LA NADA?....
¡¡PERO NOO!!... ¿POR QUÉ ESTA NOCHE EL "SPORTING RELÁMPAGO" TUVO QUE PERDER TRES A CERO CON EL "FÉNIX-OLDEMBURG" ¿EÉÉH? ¿POR QUÉ?... ¿¿POR QUÉ??....

...¡Y ESTE ES MI BEBÉ!!
18·06·99
18·06·99

Coiffeur

—¡¡A **PAPÁ NOEL**, PEDAZO DE IGNORANTE!! ¡¡A **PAPÁ NOEL**, ERA!!
¡¿CÓMO SE TE OCURRIÓ ESCRIBIRLE A **PAPÁ NOÉ**?!!...

MIRA PAPI, TE ENSEÑO UN EXPERIMENTO
LE SACAMOS LA PILA A ESTE RELOJ Y.......
¡EL RELOJ DEJA DE MARCAR EL PASO DEL TIEMPO!
LE PONEMOS LA PILA Y....
...¡HÓP! ¡EL RELOJ VUELVE A MARCAR EL PASO DEL TIEMPO! ESTO NOS DEMUESTRA CLARAMENTE
¿QUÉ?
¡¡QUE EL TIEMPO NO ESTÁ EN LOS RELOJES, COMO UNO CREE; EL TIEMPO ESTÁ ADENTRO DE LAS PILAS, Y LOS RELOJES LO CHUPAN DE AHÍ!!
¡CARAY, QUÉ ADMIRABLE! ¿ESO LO DESCUBRISTE SOLO?
NO, LA VERDAD, NOS LO ENSEÑÓ HOY EL PROFESOR DE FÍSICA EN EL COLE.
CON LO DIFÍCIL QUE VIENE EL FUTURO... ¡QUÉ TRANQUILIDAD SABER QUE LE ESTOY PAGANDO A MI HIJO UNA EDUCACIÓN DEL MEJOR NIVEL!

BÉH... ¿DE QUÉ HABLAMOS; DE LA VIDA O DE ALGO MÁS IMPORTANTE?

~SÍ, CLARO, LO HACEN A SU MANERA, PERO, ¿NO ES UNA SUERTE TENER, HOY, HIJOS QUE PUEDEN COMUNICARSE CON SUS PADRES?

—¡¡... Y EN MEDIO DE QUE SU PADRE NO CONSIGUE TRABAJO, DE QUE SU HERMANO TUVO QUE DEJAR SUS ESTUDIOS POR NO PODER PAGÁRSELOS, DE QUE SU MADRE SE SACRIFICA COMO UNA BURRA PARA MANTENER LA CASA, EN MEDIO DE TODO ESO, VIENE LA NIÑA A DECIRNOS QUE ES FELIZ PORQUE SE HA ENAMORADO!!
¡¡EGOÍSTA!!

GGGGHH

XL-501

KERAMIKOS

¡¡SOCORROO!!

BOUTIQUE
2X

CLICK
CLICK
CLICK

SNAP!
Spaghettis a la sós de tomát-éfromásh

AHORA QUE HA OCURRIDO ESTO ENTRE NOSOTROS DOS QUIÉN SABE QUÉ PENSARÁ USTED DE MÍ, SEÑOR JEFE
¡¡QUE ESTÁ DESPEDIDO, POR INÚTIL!!

CAMPING
PERDÓN, SI EL SR. DESEA VER CÓMO LE QUEDA, TIENE UN ESPEJO DETRÁS DE LA COLUMNA.
PESCA
PARDÓN, SI LA SRA. DESEA VER CÓMO LE QUEDA, TIENE UN ESPEJO EN AQUEL PROBADOR.
CAZA
PERDÓN, SI EL SR. DESEA VER CÓMO LE QUEDAN...
TIE... NE UN...
¿TENGO UN??...
....TENGO UN AMPLIO CONOCIMIENTO DEL SECTOR "VENTA AL PÚBLICO". CREO SER LA PERSONA QUE UD. PIDE EN EL AVISO DEL PERIÓDICO.

¡¡NO, GÓMEZ, NO!! ¡LIBROS BARATOS DE FILOSOFÍA, SE PONE!!
FILOSOFÍA BARATA

–¿CÓMO CARO? TENGA EN CUENTA QUE ES UN PRODUCTO QUE CONTIENE NO SOLO MUCHO HIERRO Y OTROS MINERALES SINO TAMBIÉN MADERA BIOLÓGICAMENTE PURA Y QUE, ADEMÁS, SU USO COTIDIANO AYUDA A BAJAR EL COLESTEROL.

X-7
K-1
DISCULPE, SEÑOR, EXCAVADORAS MÁS BARATAS, ¿TIENEN?

HOTEL LUX
PENSION

Hace muchos años con la madera de un mismo árbol...
...un carpintero construyó una horca y una cuna.
¡YA ME IMAGINO: CON SU "TÍPICO HUMOR" AHORA EL AUTOR NOS CUENTA CÓMO EL TIERNO NIÑO...
...QUE DURMIÓ EN AQUELLA CUNA TERMINÓ SUS DÍAS EN AQUELLA HORCA!
Todo lo contrario: quiso la Buena Estrella del dulce niño que durmió en aquella cuna...
...que terminara, sí en aquella horca, pero como fiel ejecutor de la ley.
LEX
Y, como tal, trabajó muchos años. Y engendró a nuevas dulces criaturas cuyos descendientes, siguiendo la tradición familiar...
...continúan hoy su labor de fieles ejecutores de la ley para que la paz, la tranquilidad y la convivencia humana sean posibles en diversos sitios de nuestro civilizado mundo.
¡VAYA!... ¡¡AL FIN UNA PÁGINA CON FINAL FELIZ!!

HABÍA UNA VEZ, UN PAÍS QUE TENÍA UN GRAN FUTURO
HABÍA UNA VEZ, UN PAÍS QUE TENÍA UN GRAN FUTURO
HABÍA UNA VEZ UN PAÍS QUE TENÍA UN
HABÍA UNA VEZ, UN PAÍS QUE TENÍA
HABÍA UNA VEZ, UN PAÍS QUE TENÍA
HABÍA UNA VEZ UN PAÍS
HABÍA UNA VEZ UN PAÍS
HABÍA UNA VEZ UN PAÍS
HABÍA UNA VEZ
UN PAÍS
HABÍA UNA VEZ
HABÍA UNA VEZ
¡¡QUÉ BUENO, LLEGAR JUSTO CUANDO EMPIEZA UN CUENTO!!

¡HUUUYYY!... ¡EL LIBRITO QUE ME REGALÓ LA ABUELA CUANDO CUMPLÍ 10 AÑOS!
¡¡CÓMO ME REÍA YO CON ESTAS COSAS CUANDO ERA CHICO!!
MAFADDA
CUANDO UN PAÍZ ZE GAZTA, ¿ADÓNDE LO TIDAN?
CUANDO UN PAIS SE GASTA, ¿ADÓNDE LO TIR....?...
¡¡CÓMO ME REÍA YO CON ESTAS COSAS CUANDO ERA CHICO!!....?

¡ALT!... ¡NO SE PASA!
¡¡¿CÓMO NO SE PASA?!! ¡¡YO DEBO LLEGAR AL ÚLTIMO CUADRITO!!
¿Y PARA QUÉ, SI PUEDE SABERSE?
¿CÓMO PARA QUÉ? PUES PARA... ¡PARA DARLE UN FINAL A ESTA PÁGINA, SOY UN PROFESIONAL, YO!
LO LAMENTO, PERO HUBO UN DESPRENDIMIENTO DE CUADRITOS Y ES IMPOSIBLE CONTINUAR. ¡MIRE QUÉ DESASTRE!
SIENDO ASÍ, LE ADVIERTO QUE NO ME QUEDARÁ OTRO REMEDIO
¿QUÉ, AQUÍ? ¡AH, NO!
¡ESO SÍ QUE NO!... ¡SIGA HASTA SU BENDITO ÚLTIMO CUADRITO, PERO A RIESGO PROPIO!
¡¡"UN PROFESIONAL"!! ¡¡JHA'H!!...

Joaquín Lavado nació el 17 de julio de 1932 en Mendoza (Argentina) en el seno de una familia de emigrantes andaluces. Descubrió su vocación como dibujante a los tres años. Por esas fechas ya lo empezaron a llamar **Quino**. En 1954 publica su primera página de chistes en el semanario bonaerense *Esto Es*. En 1964, su personaje Mafalda comienza a aparecer con regularidad en el semanario *Primera Plana*. El éxito de sus historietas le brinda la oportunidad de publicar en el diario nacional *El Mundo* y será el detonante del boom editorial que se extenderá por todos los países de lengua castellana. Tras la desaparición de *El Mundo* y un año de ausencia, Mafalda regresa a la prensa en 1968 gracias al semanario *Siete Días* y en 1970 llega a España de la mano de Esther Tusquets y de la editorial Lumen. En 1973, Mafalda y sus amigos se despiden para siempre de sus lectores. En México, Lumen ha publicado los doce tomos recopilatorios de viñetas de *Mafalda*, y también en un único volumen —*Mafalda. Todas las tiras*—. En 2019 vio la luz la recopilación en torno al feminismo *Mafalda. Femenino singular*; en 2020, *Mafalda. En esta familia no hay jefes*; en 2022, *El amor según Mafalda*; en 2021, *La filosofía de Mafalda* y en 2024 se publicará *Mafalda presidenta*. También han aparecido en Lumen los dieciséis libros de viñetas humorísticas del dibujante, entre los que destacan *Mundo Quino* (2014), *Quinoterapia* (2015) y *Simplemente Quino* (2016).

Quino ha logrado tener una gran repercusión en todo el mundo, se han instalado esculturas de Mafalda en Buenos Aires, Oviedo y Mendoza, sus libros han sido traducidos a más de veinte lenguas y dialectos (los más recientes son el armenio, el búlgaro, el hebreo, el polaco y el guaraní), y ha sido galardonado con premios tan prestigiosos como el Príncipe de Asturias de Comunicación y Humanidades y el B'nai B'rith de Derechos Humanos. Quino murió en Mendoza el 30 de septiembre de 2020.

Este libro acabó de imprimirse
en México

Esta obra se terminó de imprimir
en el mes de abril de 2025,
en los talleres de Litográfica Ingramex S.A. de C.V.,
Ciudad de México.